Petit monde vivant

DISCARDED

LES VERS DE TERRE

Bobbie Kalman

Traduction : Marie-Josée Brière

Les vers de terre est la traduction de *The Life Cycle of an Earthworm* de Bobbie Kalman (ISBN 0-7787-0696-6)
©2004, Crabtree Publishing Company, 612, Welland Ave., St.Catharines, Ontario, Canada L2M 5V6

Catalogage avant publication de Bibliothèque et Archives nationales du Québec et Bibliothèque et Archives Canada

Kalman, Bobbie, 1947-

      Les vers de terre

      (Petit monde vivant)
      Traduction de : The life cycle of an earthworm.
      Pour enfants de 6 à 10 ans.

      ISBN 978-2-89579-228-4

1. Vers de terre - Cycles biologiques - Ouvrages pour la jeunesse. 2. Vers de terre - Ouvrages pour la jeunesse.
I. Titre. II. Collection : Kalman, Bobbie, 1947-   . Petit monde vivant.

QL391.A6K3414 2009   j592'.64   C2008-942552-9

Recherche de photos
Crystal Foxton

Conseillère
Patricia Loesche, Ph. D., Programme de comportement animal,
Département de psychologie, Université de Washington

Photos
Bill Beatty : page 22 (en haut) ; Bruce Coleman Inc. : Kim Taylor : page 14 ;
© Dwight R. Kuhn : pages 8 (en bas), 10, 12, 13, 17, 19, 20, 21, 24, 25, 26, 27, 28, 30 et 31 ;
Robert MacGregor : page couverture (vers), page 3 ; Allen Blake Sheldon : page 22 (en bas) ;
© stephenmcdaniel. com : pages 8 (en haut), 15 et 18 ; Beverley Van Praagh : page 6 ; Visuals Unlimited :
© Carolina Biological : pages 1, 5 (ver) et 16 ; © Steve Maslowski : page 9 ; Autres images : Digital Stock

Illustrations
Barbara Bedell : quatrième de couverture, pages 4 (ver segmenté), 7, 8 (loupe), 14 (en bas, à gauche et à droite), 15, 16, 23 (à droite), 26, 27, 28, 29, 30 (en bas à droite) et 31 (en haut) ; Antoinette « Cookie » Bortolon : page couverture, bordure ; Katherine Kantor : pages 11 (terre en arrière-plan), 19 (terre en arrière-plan) et 23 (à gauche) ; Margaret Amy Reiach : pages 6, 8 (sauf loupe), 9, 10, 11 (sauf terre en arrière-plan), 12, 13, 14 (en haut), 17, 19 (cocons), 30 (en haut, à gauche et à droite) et 31 (en bas) ; Bonna Rouse : pages 4 (sauf ver segmenté) et 5

Nous reconnaissons l'aide financière du gouvernement du Canada par l'entremise du
Programme d'aide au développement de l'industrie de l'édition (PADIÉ) pour nos activités d'édition.

 Conseil des Arts   Canada Council
du Canada   for the Arts

Bayard Canada Livres Inc. remercie le Conseil des Arts du Canada du soutien accordé à son programme d'édition dans
le cadre du Programme des subventions globales aux éditeurs.

Cet ouvrage a été publié avec le soutien de la SODEC.
Gouvernement du Québec – Programme de crédit d'impôt
pour l'édition de livres – Gestion SODEC.

Dépôt légal – 1er trimestre 2009
Bibliothèque nationale du Québec
Bibliothèque nationale du Canada

Direction :   Andrée-Anne Gratton
Graphisme :   Mardigrafe
Traduction :   Marie-Josée Brière
Révision :   Johanne Champagne

© Bayard Canada Livres inc., 2009
4475, rue Frontenac
Montréal (Québec)
Canada H2H 2S2
Téléphone : (514) 844-2111 ou 1 866 844-2111
Télécopieur : (514) 278-3030
Courriel : edition@bayard-inc.com
Site Internet : www.bayardlivres.ca

Imprimé au Canada
Fiches d'activités disponibles sur www.bayardlivres.ca

TABLE DES MATIÈRES

Des vers de toutes sortes   4

Partout sur la Terre   6

Le corps du ver de terre   8

Qu'est-ce qu'un cycle de vie ?   10

Dans le cocon   12

Après la naissance   14

Vers l'âge adulte   16

La fabrication d'un cocon   18

Un menu varié   20

Attention, petit ver !   22

Dans les tunnels   24

Beau temps, mauvais temps   26

La survie des vers   28

Pour aider les vers de terre   30

Glossaire et index   32

DES VERS DE TOUTES SORTES

Les vers sont des invertébrés, ce qui veut dire qu'ils n'ont pas de colonne vertébrale. Ce sont des animaux à sang froid. La température de leur corps varie selon la température qu'il fait autour d'eux.

ver rond

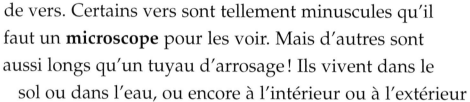
ver segmenté

Des milliers d'espèces

Il existe des milliers d'espèces de vers. Certains vers sont tellement minuscules qu'il faut un **microscope** pour les voir. Mais d'autres sont aussi longs qu'un tuyau d'arrosage ! Ils vivent dans le sol ou dans l'eau, ou encore à l'intérieur ou à l'extérieur du corps d'autres animaux. On dit alors que ce sont des « **parasites** ». On distingue trois grands types de vers : les vers ronds (ou « némathelminthes »), les vers plats (ou « plathelminthes ») et les vers segmentés (ou « annélides »).

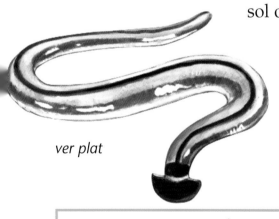
ver plat

Des imposteurs !

chenille arpenteuse

Attention, les animaux qui ressemblent à des vers n'en sont pas nécessairement ! Il peut s'agir de larves, c'est-à-dire d'insectes qui n'ont pas fini de se développer. Par exemple, les chenilles arpenteuses sont des larves de papillons, tandis que les animaux qu'on appelle à tort des « vers de farine » sont en réalité des larves de ténébrions meuniers, une espèce de coléoptères.

« ver de farine »

Un corps en sections

Dans ce livre, nous allons parler des vers de terre. Ce sont des vers segmentés, ce qui veut dire que leur corps est fait de petites sections rattachées les unes aux autres. C'est pour cela qu'ils peuvent se déplacer en zigzaguant. Les scientifiques donnent aux vers de ce type le nom d'« annélides ».

D'autres annélides

Les vers de terre ne sont pas les seuls vers au corps segmenté. Les sangsues, qui vivent en eau douce, sont aussi des annélides. C'est le cas également de diverses espèces de vers marins, qu'on trouve dans les océans, par exemple les chétopodes, les sabelles et les aphrodites, ou « taupes de mer ».

sabelle

sangsue

aphrodite

chétopode

PARTOUT SUR LA TERRE

Il existe plus de 2700 espèces de vers de terre. On en trouve presque partout sur la planète, sauf en haute montagne et dans les régions où le **climat** est très sec ou très froid.

Petits et grands

La plupart des vers de terre mesurent moins de 30 centimètres, mais ceux de quelques espèces sont très longs. On dit même que ce sont des vers géants ! Deux de ces espèces, celle de l'Oregon et celle de la Palouse, vivent en Amérique du Nord et peuvent atteindre un mètre de longueur. Le plus grand ver de terre connu est celui du Gippsland : il peut mesurer jusqu'à 3,7 mètres !

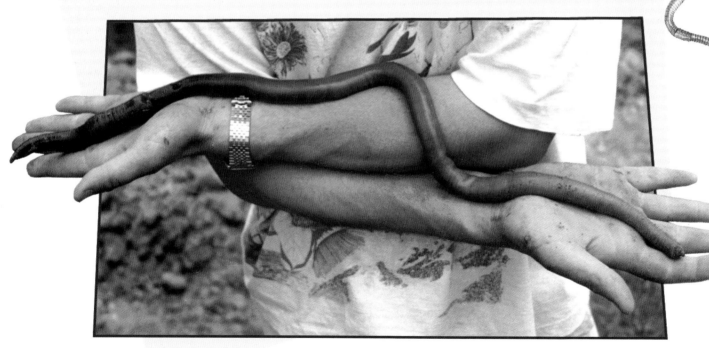

*Le ver de terre géant du Gippsland se trouve uniquement en Australie. La plupart des vers de terre géants vivent dans des climats chauds. Il leur faut beaucoup d'espace pour creuser leurs **terriers**.*

Des nouveaux venus

La plupart des espèces de vers de terre qui vivent aujourd'hui en Amérique du Nord sont des espèces introduites, venues d'ailleurs. Le plus souvent, ces vers ont été transportés dans la terre qui entourait des plantes apportées par les premiers colons européens.

Des espèces courantes

Deux des espèces de vers de terre les plus courantes en Amérique du Nord – le lombric commun et le ver rouge – sont des espèces introduites. À l'âge adulte, les lombrics communs mesurent de 8 à 30 centimètres de longueur, tandis que les vers rouges font de 5 à 10 centimètres.

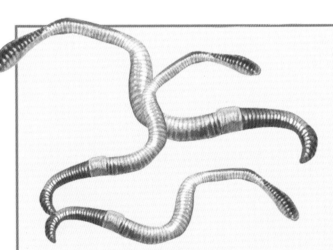

Les lombrics communs

Les lombrics communs comptent parmi les plus gros vers de terre d'Amérique du Nord. Ils creusent des réseaux de tunnels en profondeur. En raison de leur grande taille, ils offrent un repas appétissant aux prédateurs, c'est-à-dire aux animaux qui mangent d'autres animaux. Ils sont également populaires comme appâts pour la pêche.

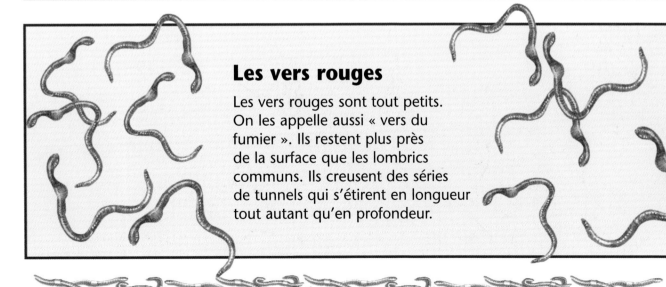

Les vers rouges

Les vers rouges sont tout petits. On les appelle aussi « vers du fumier ». Ils restent plus près de la surface que les lombrics communs. Ils creusent des séries de tunnels qui s'étirent en longueur tout autant qu'en profondeur.

LE CORPS DU VER DE TERRE

Accrochez-vous !

Chaque segment du corps du ver de terre est entouré de huit soies rétractiles, qui peuvent être rentrées comme les griffes d'un chat. Le ver sort ses soies quand il veut s'agripper aux parois de ses tunnels de terre, et il les rentre quand il n'en a plus besoin.

Le corps du ver de terre se compose d'une multitude de segments qui ressemblent à des anneaux. Il y en a au moins cent ! L'extérieur de chaque segment est tapissé de minuscules poils appelés « soies ». Ces poils permettent au ver de s'agripper au sol pour se déplacer.

Des sens peu développés

Le ver de terre n'a pas d'yeux, pas d'oreilles et pas de nez. Il a un cerveau, mais c'est un cerveau très simple. Son corps est couvert de **cellules nerveuses** qui lui permettent de sentir les objets, la lumière et les **vibrations**, et aussi de s'orienter sous la terre.

Les vers de terre respirent par la peau. Ils évitent le soleil, parce que sa chaleur assèche la couche humide qui recouvre leur peau et les aide à respirer.

Dans le corps d'un ver de terre

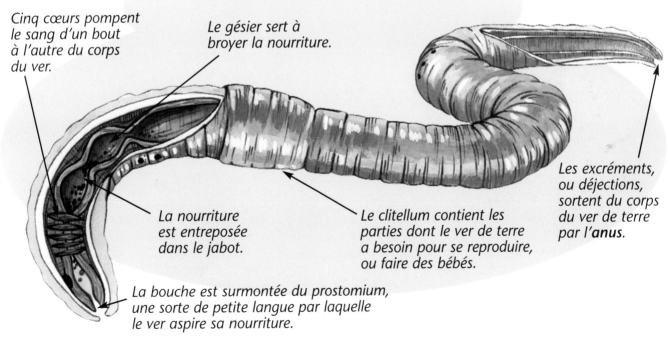

Cinq cœurs pompent le sang d'un bout à l'autre du corps du ver.

Le gésier sert à broyer la nourriture.

La nourriture est entreposée dans le jabot.

Le clitellum contient les parties dont le ver de terre a besoin pour se reproduire, ou faire des bébés.

Les excréments, ou déjections, sortent du corps du ver de terre par l'anus.

La bouche est surmontée du prostomium, une sorte de petite langue par laquelle le ver aspire sa nourriture.

QU'EST-CE QU'UN CYCLE DE VIE ?

Au cours de leur existence, tous les animaux passent par une série de changements qu'on appelle un « cycle de vie ». Après leur naissance ou leur éclosion, ils grandissent et se transforment jusqu'à l'âge adulte. Ils peuvent alors faire des bébés à leur tour. Chaque fois qu'un bébé naît, un nouveau cycle de vie commence. Ces étapes sont les mêmes pour tous les vers de terre, mais leur durée varie selon l'espérance de vie de chaque espèce.

L'espérance de vie

L'espérance de vie, c'est la durée probable de l'existence d'un animal. Les vers de terre peuvent généralement vivre de quatre à huit ans dans de bonnes conditions, c'est-à-dire dans un sol chaud et humide, où il y a beaucoup à manger.

De l'œuf à l'âge adulte

Le cycle de vie du ver de terre commence dans un œuf, enfermé avec d'autres œufs dans un cocon qui les protège. Dès qu'il sort de son cocon, le petit ver se met à creuser dans le sol. Il mange beaucoup et passera bientôt au stade juvénile. Le ver de terre devient adulte quand son **appareil reproducteur** est complètement développé. Il est alors prêt à s'accoupler, ou à s'unir à un autre adulte pour faire des bébés. Quand un ver de terre adulte pond des œufs, un nouveau cycle de vie commence dans chacun de ces œufs.

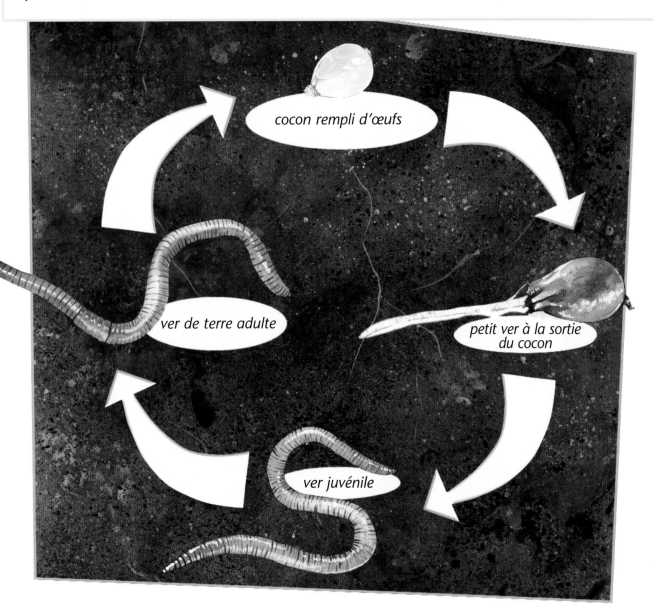

cocon rempli d'œufs

ver de terre adulte

petit ver à la sortie du cocon

ver juvénile

DANS LE COCON

Dans les régions où le climat est chaud et humide, les vers de terre produisent des cocons toute l'année. Ceux qui vivent dans un sol froid ou sec en produisent moins. Chaque cocon renferme plusieurs œufs, dans lesquels des embryons se développent pendant des semaines ou même des mois. Les embryons trouvent dans leur cocon une substance blanche et collante. Cette substance contient les **nutriments** qui leur fournissent l'énergie alimentaire dont ils ont besoin pour grossir.

De plus en plus gros

Même si chaque cocon contient plusieurs œufs, seuls quelques embryons vont s'y développer complètement. Ils rempliront alors tout le cocon et seront bientôt prêts à en sortir.

Le ver de terre adulte ne reste pas près de son cocon pour protéger les embryons qui s'y trouvent.

Le temps qu'il fait

La durée du développement des embryons dépend du temps qu'il fait. Quand les températures sont élevées et qu'il pleut, le sol est chaud et humide. Les embryons se développent alors rapidement. Au printemps et à l'automne, quand le sol est gorgé d'eau, le processus prend généralement trois semaines.

Les embryons se développent plus lentement en hiver et en été, lorsque le sol est sec.

Les nouveau-nés

À leur sortie du cocon, les petits vers sont blancs et mesurent environ 1,3 centimètre de longueur. Ils sont à peine plus gros qu'un bout de fil.

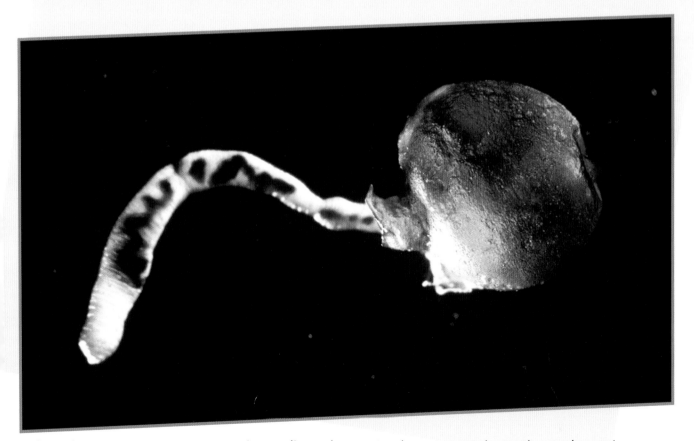

*Ce petit ver est transparent, ce qui veut dire qu'on peut voir au travers. Les petites taches noires correspondent à son cœur, à son jabot, à son gésier et à ses autres **organes**.*

APRÈS LA NAISSANCE

Quelques heures après être sorti de son cocon, le petit ver de terre change de couleur. Sa peau prend une teinte plus foncée, qui varie selon l'espèce. Certains vers sont roses, rouges ou violets, tandis que d'autres sont bruns, verts, bleus, gris ou blancs. À cette étape de leur vie, ils sont tous très minces.

Plus long, plus fort

En grandissant, le ver de terre commence à ressembler à un adulte, mais en plus petit. Ce jeune ver est appelé « juvénile ». Il est plus long et plus épais qu'à l'éclosion parce que chacun de ses segments se gonfle. Les vers de quelques espèces développent de nouveaux segments avec le temps, mais la plupart gardent le même nombre de segments pendant toute leur vie.

Il faut de 6 à 55 semaines pour qu'un ver de terre juvénile devienne adulte. Les vers des grosses espèces, comme les lombrics communs, peuvent continuer à s'allonger et à grossir pendant encore un an.

Le ver de terre juvénile n'a pas encore de clitellum.

VERS L'ÂGE ADULTE

Le ver de terre devient adulte quand son appareil reproducteur est complètement formé. Il peut alors faire des bébés. Chez la plupart des animaux, les organes reproducteurs sont soit mâles, soit femelles, mais le ver de terre est **hermaphrodite** : son clitellum contient à la fois des organes mâles et des organes femelles. Les organes mâles produisent du **sperme**, et les organes femelles produisent des œufs.

Selon les espèces, le clitellum peut être blanc, rouge orangé ou brun rougeâtre.

Prêt pour l'accouplement

Même s'il est hermaphrodite, le ver de terre ne peut pas se reproduire seul, car il ne peut pas **féconder** ses œufs avec son propre sperme. Quand il est prêt, son clitellum prend une teinte orangée. Il cherche alors un autre ver de son espèce pour s'accoupler. Les deux vers se placent côte à côte, en sens inverse, de manière à ce que leurs clitellums se touchent, et ils s'accrochent l'un à l'autre à l'aide de leurs soies. Leur corps produit une couche visqueuse qui les aide à se coller ensemble. Les deux vers échangent ensuite leur sperme. Après l'accouplement, ils pourront tous les deux fabriquer des cocons.

Ces deux vers de terre adultes se sont placés côte à côte pour s'échanger du sperme.

LA FABRICATION D'UN COCON

Après l'accouplement, une mince enveloppe visqueuse se forme autour du clitellum de chacun des vers, comme on le voit ci-dessus. Cette enveloppe deviendra bientôt un cocon, qui contiendra les œufs. Le ver s'en débarrasse en reculant pour la faire glisser le long de son corps. Les œufs fécondés se collent alors sur l'intérieur de l'enveloppe visqueuse. Quand le ver a fini de se dégager, l'enveloppe se referme et se scelle autour des œufs pour former un cocon. Le ver s'en va et abandonne son cocon dans le sol. Chaque ver ne fabrique qu'un seul cocon à la fois. Avant de pouvoir en faire un autre, il devra s'accoupler de nouveau.

Des œufs en quantité

Chaque cocon peut contenir de 1 à 20 œufs. Chez certaines espèces, les vers produisent 3 cocons par année, alors que d'autres peuvent en produire 80. Le cocon constitue la seule protection des œufs. Beaucoup d'animaux s'en nourrissent, par exemple certaines espèces d'acariens.

En as-tu déjà vu ?

Tu as peut-être déjà vu des cocons de ver de terre en creusant dans ton jardin ou dans ta cour. On dirait des petits citrons, gros comme des grains de maïs. Les cocons neufs sont jaunes et mous. Avec le temps, ils brunissent et deviennent beaucoup plus durs.

Plus de cocons

Les espèces qui vivent près de la surface du sol produisent plus de cocons par année que celles qui restent plus en profondeur. Près de la surface, les embryons ne sont pas très bien protégés du froid et risquent de geler. Ils sont aussi plus exposés aux prédateurs. En fabriquant plus de cocons, les vers s'assurent donc qu'au moins une partie de leurs petits pourront éclore et entreprendre un nouveau cycle de vie.

UN MENU VARIÉ

Le sol contient non seulement des plantes et des microbes, qui sont des créatures minuscules, mais aussi des débris de plantes et d'animaux morts. Et le ver de terre mange tout cela ! Il n'a pas de dents, mais les muscles de sa bouche sont bien développés. Le ver se sert de son prostomium (ci-dessous) pour aspirer des petits morceaux de nourriture et les porter dans sa bouche, avec un peu de terre et des petits cailloux. Cette terre et ces cailloux se déposent dans son gésier, où ils aident à réduire la nourriture en purée.

Ce lombric commun monte à la surface du sol pendant la nuit pour trouver de la nourriture à rapporter dans son terrier.

On grignote

Les vers de terre sont des décomposeurs, ce qui veut dire qu'ils contribuent à la décomposition des plantes et des animaux dans le sol en les mangeant et en les digérant. Les plantes et les animaux, aussi bien morts que vivants, contiennent des nutriments, mais les vers de terre n'utilisent pas tous les nutriments qu'ils absorbent en mangeant.

Les nutriments inutilisés se retrouvent dans leurs excréments. En se mélangeant au sol, ces nutriments servent ensuite aux plantes et aux autres animaux. Ils fournissent ainsi aux plantes une partie de l'énergie dont elles ont besoin pour pousser.

Les lombrics communs laissent des petits tas d'excréments près de l'entrée de leurs terriers.

ATTENTION, PETIT VER!

Certaines personnes ramassent des vers de terre et s'en servent comme appâts pour la pêche.

Les nutriments que les vers de terre absorbent sont entreposés dans leur corps. Quand des animaux mangent des vers, ces nutriments leur fournissent de l'énergie alimentaire. Les vers adultes ont beaucoup de prédateurs, par exemple les serpents, les oiseaux, les taupes, les crapauds, les renards, les ours, les coléoptères, les mille-pattes, les sangsues, les limaces et les vers plats. Certains de ces prédateurs, comme les oiseaux, attrapent les vers qu'ils voient au-dessus du sol, tandis que d'autres, comme les taupes, les chassent sous terre.

Toc, toc, toc !

Les gens qui ramassent des vers de terre frappent parfois à la surface du sol pour faire sortir les vers de leurs terriers. Ils savent que les vers montent à la surface quand ils sentent des vibrations. Les tortues des bois, comme celle qu'on voit ici, font la même chose. Pour attirer les vers de terre, elles frappent le sol avec leurs pattes ou leur carapace.

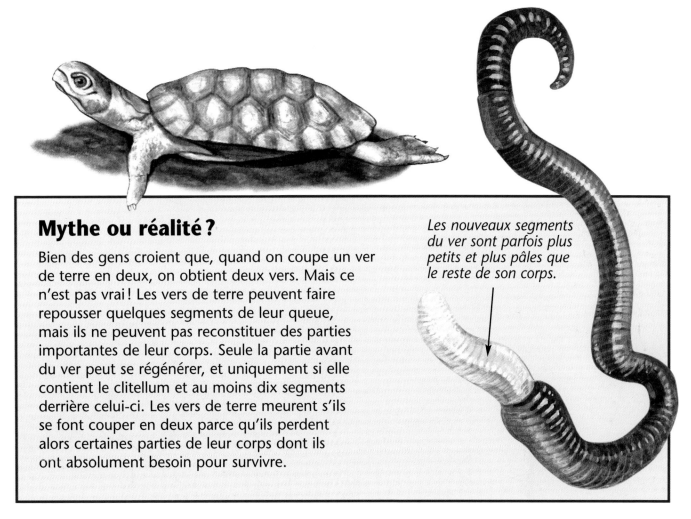

Mythe ou réalité ?

Bien des gens croient que, quand on coupe un ver de terre en deux, on obtient deux vers. Mais ce n'est pas vrai ! Les vers de terre peuvent faire repousser quelques segments de leur queue, mais ils ne peuvent pas reconstituer des parties importantes de leur corps. Seule la partie avant du ver peut se régénérer, et uniquement si elle contient le clitellum et au moins dix segments derrière celui-ci. Les vers de terre meurent s'ils se font couper en deux parce qu'ils perdent alors certaines parties de leur corps dont ils ont absolument besoin pour survivre.

Les nouveaux segments du ver sont parfois plus petits et plus pâles que le reste de son corps.

DANS LES TUNNELS

Les vers de terre passent la plus grande partie de leur vie à creuser des tunnels sous la terre, dans l'obscurité. En se déplaçant, ils mélangent les couches de sol. Ils contribuent aussi à garder le sol en santé pour que les plantes puissent pousser.

Des muscles pour avancer

Les vers de terre possèdent deux types de muscles : des muscles circulaires et des muscles longs, ou « longitudinaux ». Les muscles circulaires entourent chaque segment, tandis que les muscles longitudinaux vont de leur tête à leur queue. Pour se déplacer, les vers ancrent une de leurs extrémités dans le sol en s'agrippant avec leurs soies. Ils contractent ensuite leurs muscles circulaires, ce qui étire les segments et allonge le corps. Puis, lorsqu'ils contractent leurs muscles longitudinaux, les segments se rapprochent et le corps raccourcit.

Des parois solides

À mesure qu'il progresse, le ver de terre pousse devant lui la terre qui se trouve sur son chemin. Il en avale une partie afin de se donner de l'espace pour bouger. Son corps laisse au passage une couche visqueuse, appelée « mucus », sur les parois de son tunnel. Ce mucus rend les parois assez solides pour que le tunnel puisse servir plus d'une fois.

Plus de place

En creusant ainsi des galeries souterraines, les vers de terre font de la place dans le sol pour l'air, l'eau et les racines. Les arbres et les autres plantes sont donc en meilleure santé dans les endroits où il y a beaucoup de terriers de vers puisque leurs racines peuvent y pousser plus profondément.

Les vers de terre peuvent avancer ou reculer, mais ils se déplacent le plus souvent vers l'avant.

BEAU TEMPS, MAUVAIS TEMPS

Certains vers restent sous terre pendant de longues périodes, même quand il pleut très fort. Ils peuvent survivre durant des semaines dans un sol détrempé s'il y a suffisamment d'oxygène dans l'eau. L'oxygène est un gaz qui se trouve dans l'air que nous respirons. Il y en a aussi dans l'eau. Les vers de terre absorbent par leur peau l'oxygène contenu dans l'air ou dans l'eau du sol.

Une sortie risquée

Quand il pleut, les vers de la plupart des espèces montent à la surface du sol pour trouver à manger. Ils se déplacent facilement sur la terre mouillée, mais beaucoup meurent lorsqu'ils sont ainsi sortis du sol parce qu'ils deviennent alors des proies faciles pour toutes sortes de prédateurs.

Des températures idéales

Les vers de terre sont actifs surtout au printemps et à l'automne, quand le sol est humide et que les températures se maintiennent entre 10 °C et 21 °C. Ils restent bien tranquilles quand le sol est trop froid ou trop sec.

Trop chaud pour les vers !

Certains vers de terre se réfugient dans leurs terriers pour se protéger par temps chaud et sec. Ils entrent alors dans une période d'inactivité qu'on appelle l'estivation. Ils s'enroulent sur eux-mêmes, et leur peau prend une teinte rose pâle.

Brrrr...

À la saison froide, tous les organes du corps des vers de terre fonctionnent au ralenti pour conserver l'énergie. Quand la température tombe sous le point de congélation, les vers entrent dans un sommeil profond ; on dit qu'ils sont en état d'hibernation. Ils restent alors dans leur terrier pour éviter de geler. Autrement, ils mourraient.

Les vers de terre peuvent entrer en estivation en période de sécheresse, quand il ne pleut pas beaucoup.

LA SURVIE DES VERS

Heureusement, la plupart des espèces de vers de terre se portent très bien partout dans le monde. Si ces animaux n'étaient pas là, les sols de la planète seraient en moins bonne santé, et les plantes ne seraient pas aussi robustes. Mais attention! Il y a beaucoup d'activités humaines qui mettent les vers en danger!

Quand les agriculteurs labourent leurs champs trop profondément ou trop souvent, ils risquent de détruire des tunnels de vers de terre en retournant la terre. Par ailleurs, beaucoup d'agriculteurs et de jardiniers se servent de pesticides dans leurs champs, dans leurs jardins et sur leurs pelouses. Ce sont des produits chimiques destinés à tuer les insectes. La plupart des municipalités en vaporisent aussi dans les parcs et les autres espaces verts. Quand ces pesticides se mélangent au sol, ils sont intégrés aux aliments que mangent les vers de terre, et ceux-ci peuvent en mourir.

Des problèmes géants

Certaines espèces de vers de terre sont en péril, ce qui veut dire qu'elles risquent de disparaître pour toujours. Les espèces animales disparues ne se retrouvent plus nulle part sur la Terre. Les vers géants sont les plus menacés. Ainsi, personne n'a vu de ver géant de l'Oregon depuis 1985, ni de ver géant de la Palouse depuis 1978.

Les vers de terre géants ont besoin de beaucoup d'espace pour se creuser des galeries, et ils ne peuvent pas survivre si leur **habitat** est réduit ou détruit. Dans bien des endroits où vivent ces vers, tant aux États-Unis qu'en Australie, les gens défrichent des terres pour les cultiver ou pour y élever du bétail. Les vers géants sont également menacés par les pesticides et la **pollution** de l'eau près des fermes.

ver de terre géant du Gippsland

Dans l'eau

Les espèces d'annélides qui vivent dans l'eau, par exemple les vers marins, les sangsues et les autres vers d'eau douce, souffrent aussi de la pollution de l'eau. Quand les gens déversent des produits chimiques dans les étangs, les rivières, les lacs et les océans, beaucoup d'animaux marins, comme les sabelles qu'on voit à droite, risquent de mourir. Ces produits chimiques peuvent se retrouver ensuite dans les sols avoisinants et menacer aussi les habitats des vers de terre.

POUR AIDER LES VERS

Tu peux aider les vers de terre, et aussi les autres sortes de vers, en protégeant l'environnement. Il est important de commencer près de chez toi : dans ta cour, à l'école et dans ton quartier. Parle à tes professeurs, à ta famille et à tes amis des moyens d'éviter la pollution. Tu peux aussi ramasser les déchets dans le voisinage. Ainsi, les substances qui peuvent être dangereuses pour les vers ne se retrouveront pas dans le sol, les rivières et les lacs.

Des mini-compacteurs de déchets

Tu peux contribuer à réduire la quantité de déchets que produit ta famille en faisant du compost. Le compost, ce sont des plantes et des aliments en décomposition. Tu peux même te faire aider par des vers de terre ! C'est ce qu'on appelle le « vermicompostage » ou « lombricompostage ». Les vers rouge, par exemple, peuvent vivre dans des bacs où ils mangent des restes de fruits ou de légumes, ainsi que du marc de café et des coquilles d'œufs – mais pas de viande ! Il suffit de les nourrir une ou deux fois par semaine. Les excréments que les vers laisseront derrière eux pourront ensuite servir à enrichir la terre de tes plantes, dans la maison ou au jardin. Ce fertilisant naturel les aidera à pousser et à rester en santé. Pour en savoir plus long, va voir sur http://www.on.ec.gc.ca/community/ classroom/millennium/m4-vermi-f.html.

De plus près

Si tu veux observer des vers
de terre de près, tu peux prendre
une pelle et creuser par exemple
dans le potager, dans le tas de
compost ou sous les feuilles.
Si tu vois des excréments, c'est
signe que des vers sont passés
par là ! Fais bien attention
toutefois de ne pas blesser
des vers avec ta pelle.

À l'obscurité

Pour trouver des vers de terre,
tu peux aussi sortir avec une
lampe de poche après la pluie,
dans ta cour ou au parc. Si tu
marches doucement et que tu
éclaires rapidement le gazon
mouillé avec ta lampe, tu as
des chances d'apercevoir des
vers avant qu'ils retournent
sous terre.

Pour en savoir plus

Une des meilleures façons d'aider
les vers de terre, c'est de te renseigner
sur eux et sur le rôle utile qu'ils jouent
dans l'environnement. Tu en sauras
plus long en te rendant sur ces sites :

www.naturewatch.ca/francais/wormwatch

www.thecanadianencyclopedia.com/index.cfm?
PgNm=TCE&Params=f1ARTf0002488

GLOSSAIRE

anus Ouverture, dans le corps d'un animal, par laquelle sortent les excréments

appareil reproducteur Organes dont un animal se sert pour faire des bébés

cellules nerveuses Cellules spéciales, sur le corps d'un animal et à l'intérieur de celui-ci, qui l'aident à reconnaître son environnement

climat Conditions météorologiques habituelles dans une région donnée, par exemple la température, les précipitations et les vents

féconder Ajouter du sperme à un œuf pour qu'un bébé puisse se former à l'intérieur

habitat Endroit où une plante ou un animal vit à l'état sauvage

hermaphrodite Qui est à la fois mâle et femelle

microscope Appareil qui permet de grossir l'image d'un objet minuscule à travers une lentille

nutriment Substance naturelle qui aide les animaux et les plantes à grandir

organe Partie du corps qui sert à une fonction donnée, par exemple à digérer la nourriture ou à faire des bébés

parasite Qui vit aux dépens d'un autre être vivant

pollution Dommages causés à l'eau, à l'air ou au sol par des déchets ou d'autres matières dangereuses

sperme Fluide reproducteur du mâle, qui s'unit aux œufs des femelles pour produire des bébés

terrier Tunnel souterrain

vibration Tremblement provoqué par des mouvements à la surface du sol, par exemple des pas ou de la pluie, et ressenti sous la terre

INDEX

accouplement 17, 18

climat 6, 12

corps 4, 5, 8, 9, 17, 18, 22, 23, 24, 25, 27

estivation 27

habitat 29

hibernation 27

nourriture 9, 20

œuf 11, 12, 16, 17, 18, 19, 30

pollution 29, 30

prédateur 7, 19, 22, 26

terrier 6, 20, 21, 23, 25, 27